COLORING with MORE 85 MANDALAS

BOIRETA PUBLISHER

BOIRETA PUBLISHER

BOiRETA PUBLISHER

BOiRETA
PUBLISHER

BOiRETA PUBLISHER

BOiRETA PUBLISHER

BOiRETA PUBLISHER

BOiRETA PUBLISHER

BOiRETA PUBLISHER

BOiRETA PUBLISHER

BOiRETA PUBLISHER

BOiRETA PUBLISHER

BOiRETA PUBLISHER

BOiRETA PUBLISHER

BOiRETA
PUBLISHER

BOiRETA PUBLISHER

BOiRETA PUBLISHER

BOiRETA PUBLISHER

BOiRETA PUBLISHER

BOiRETA PUBLISHER

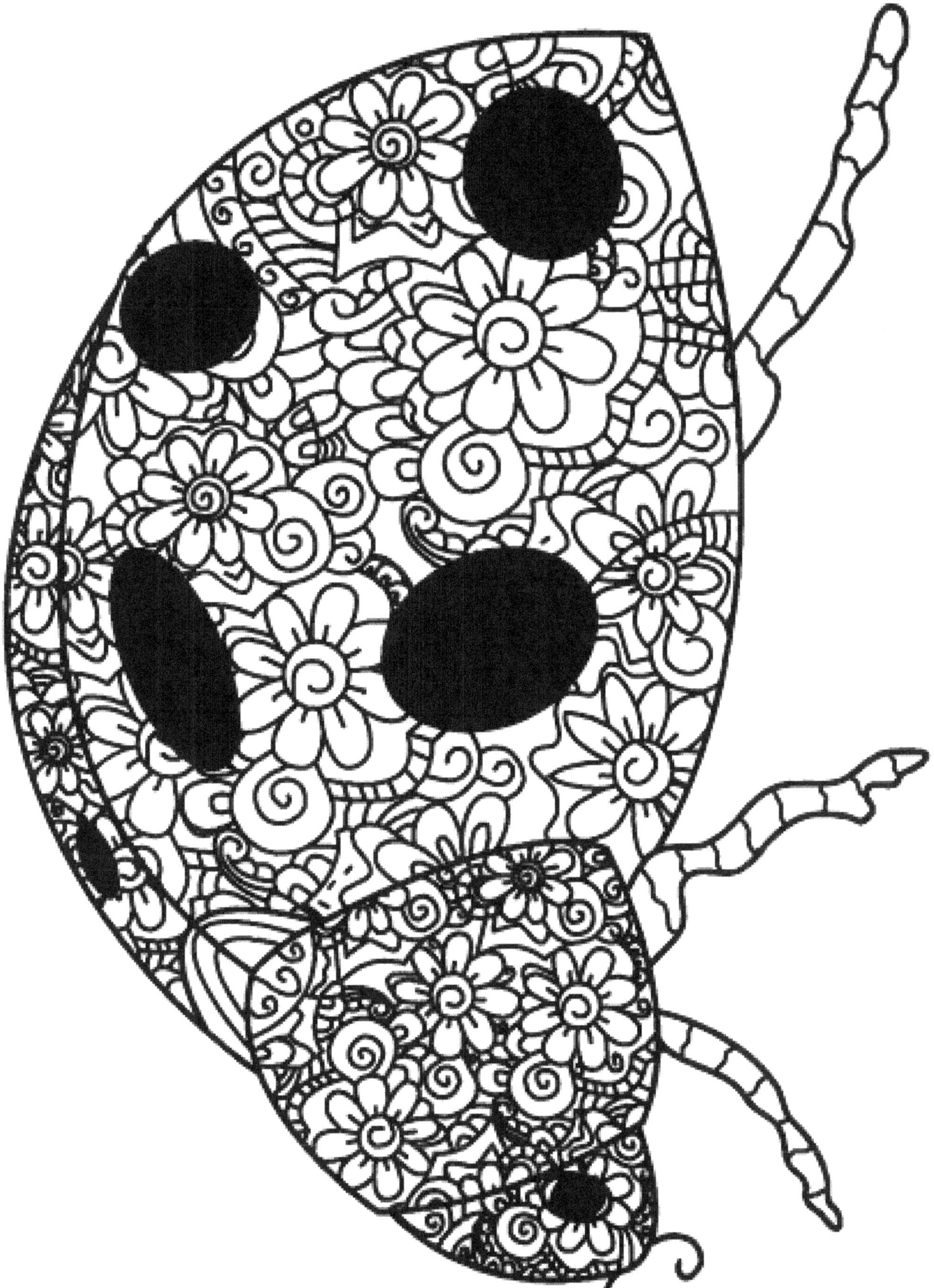

BOiRETA PUBLISHER

BOiRETA PUBLISHER

BOiRETA PUBLISHER

BOIRETA PUBLISHER

BOiRETA PUBLISHER

BOiRETA PUBLISHER

BOiRETA PUBLISHER

BOiRETA PUBLISHER

BOiRETA PUBLISHER

BOiRETA PUBLISHER

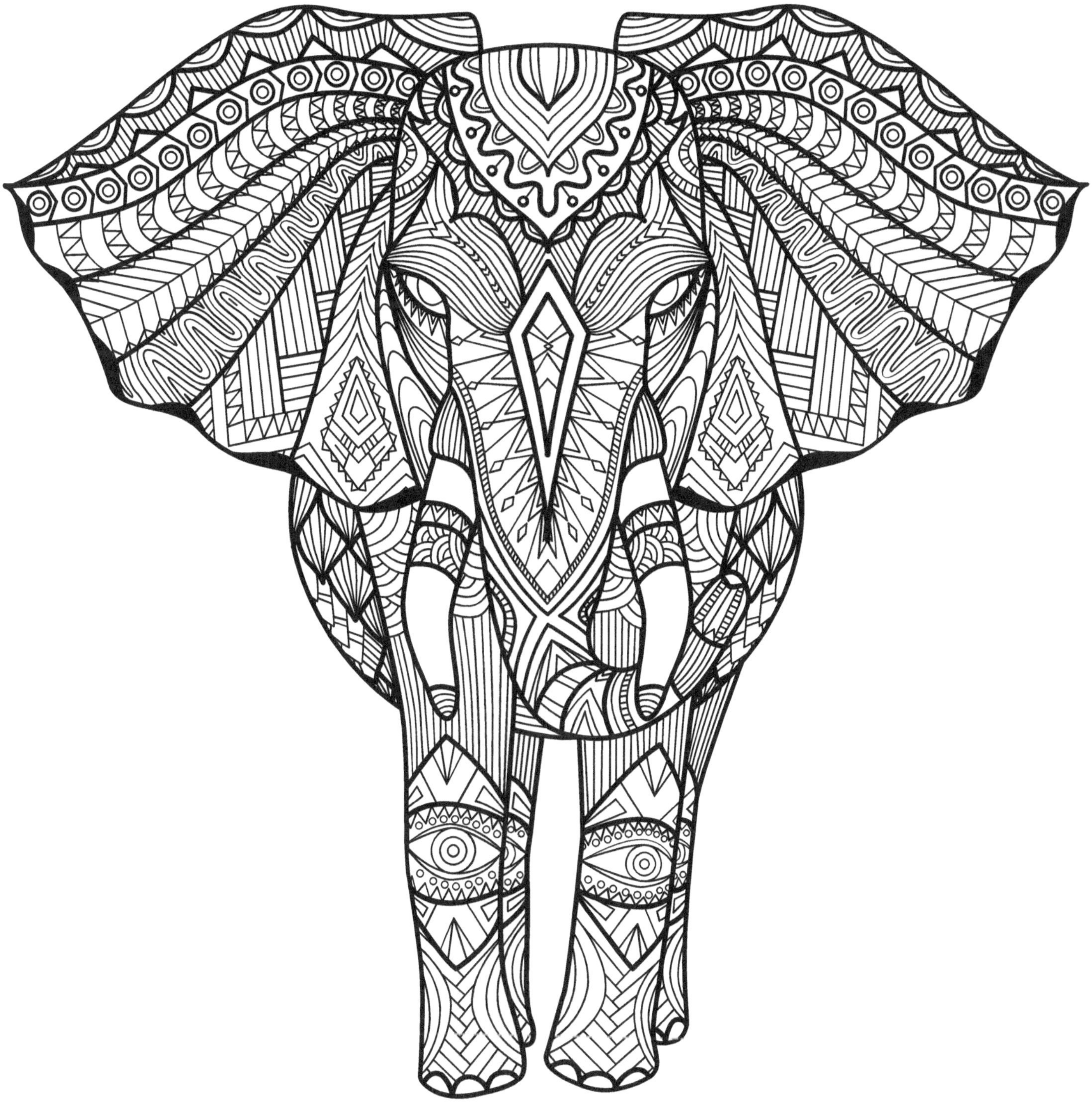

BOiRETA PUBLISHER

BOiRETA PUBLISHER

BOiRETA PUBLISHER

BOiRETA PUBLISHER

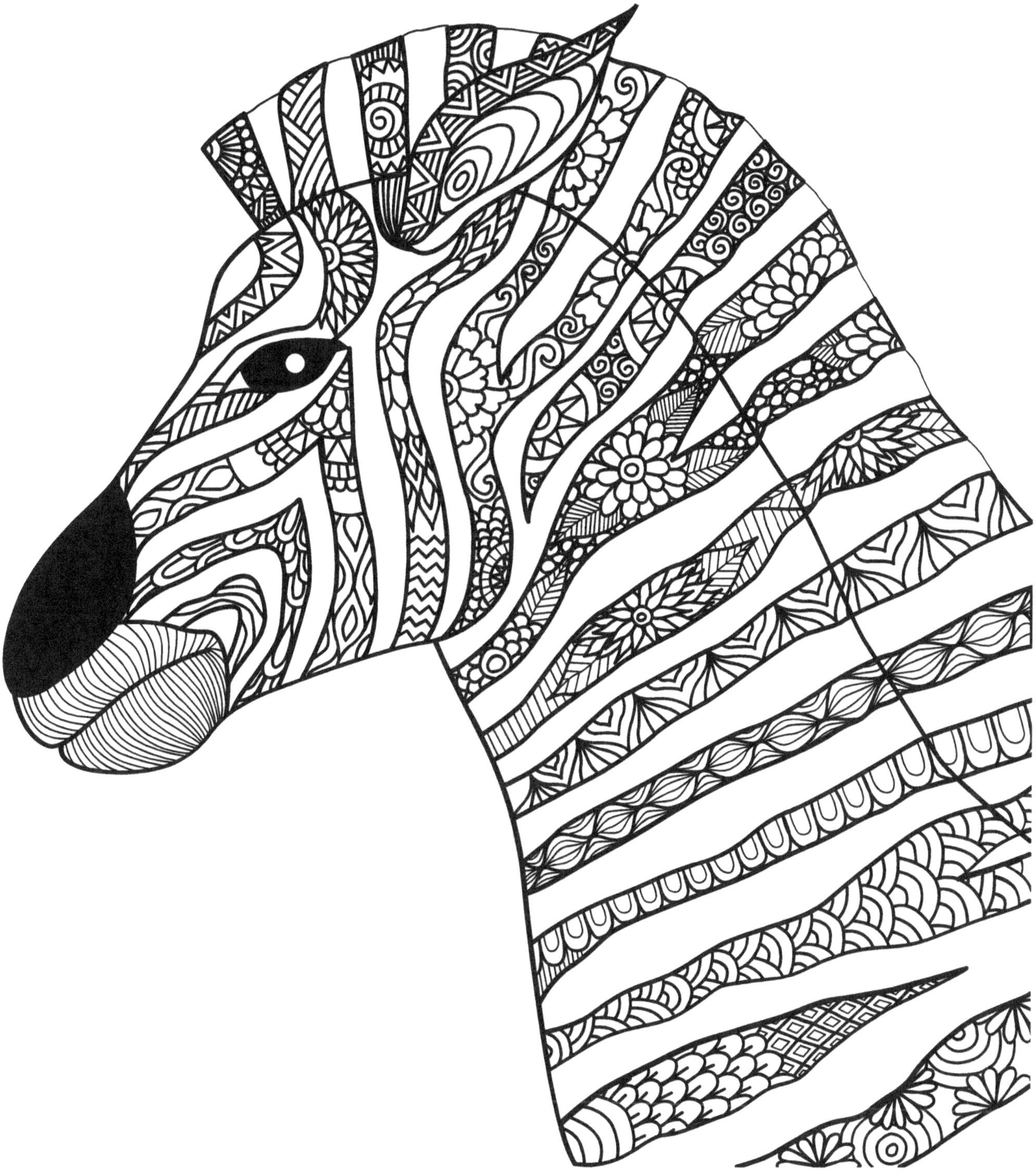

BOiRETA PUBLISHER

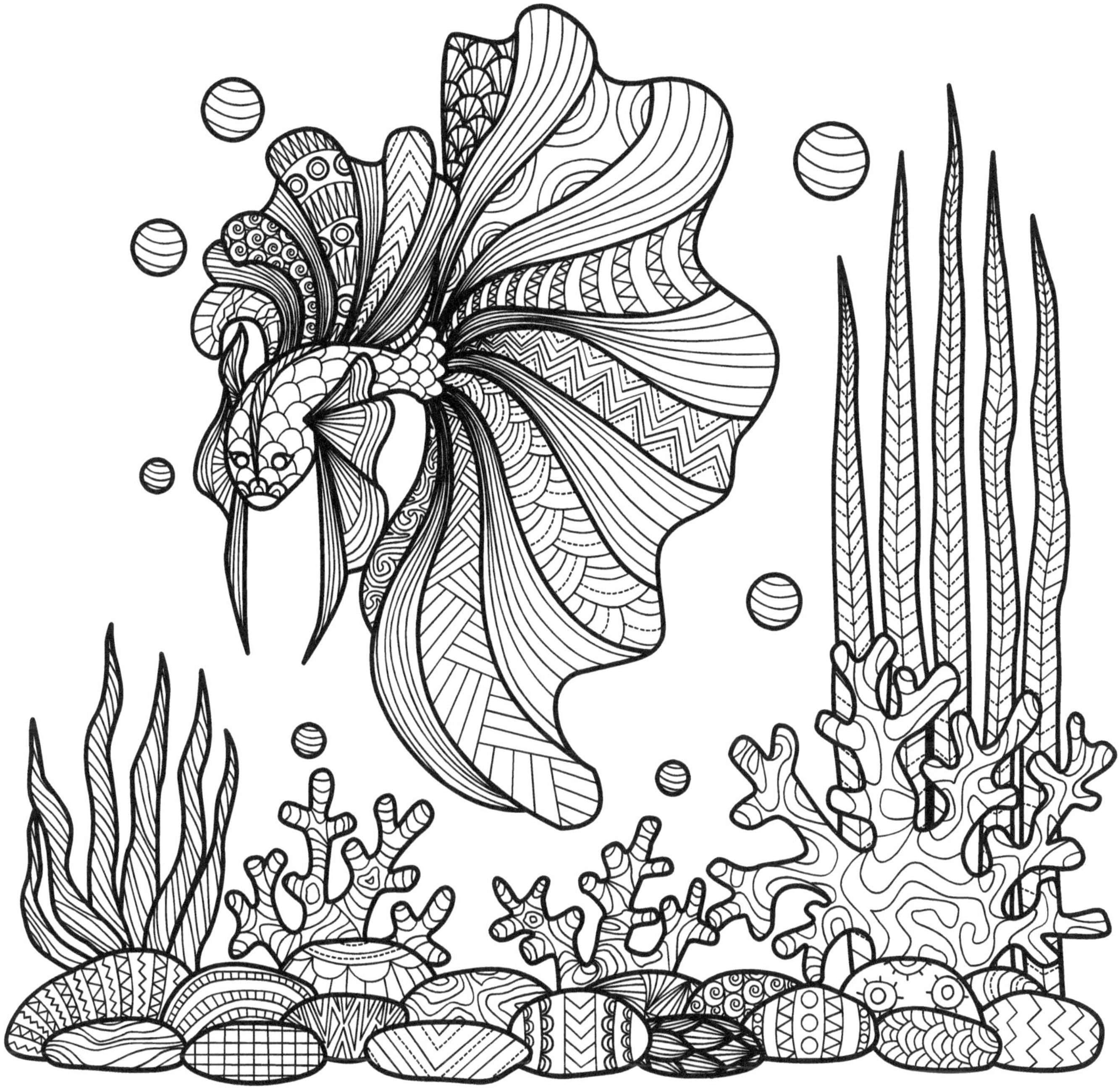

BOiRETA PUBLISHER

BOiRETA PUBLISHER

BOiRETA PUBLISHER

BOiRETA PUBLISHER

BOiRETA PUBLISHER

BOiRETA PUBLISHER

BOiRETA
PUBLISHER

BOiRETA PUBLISHER

BOiRETA PUBLISHER

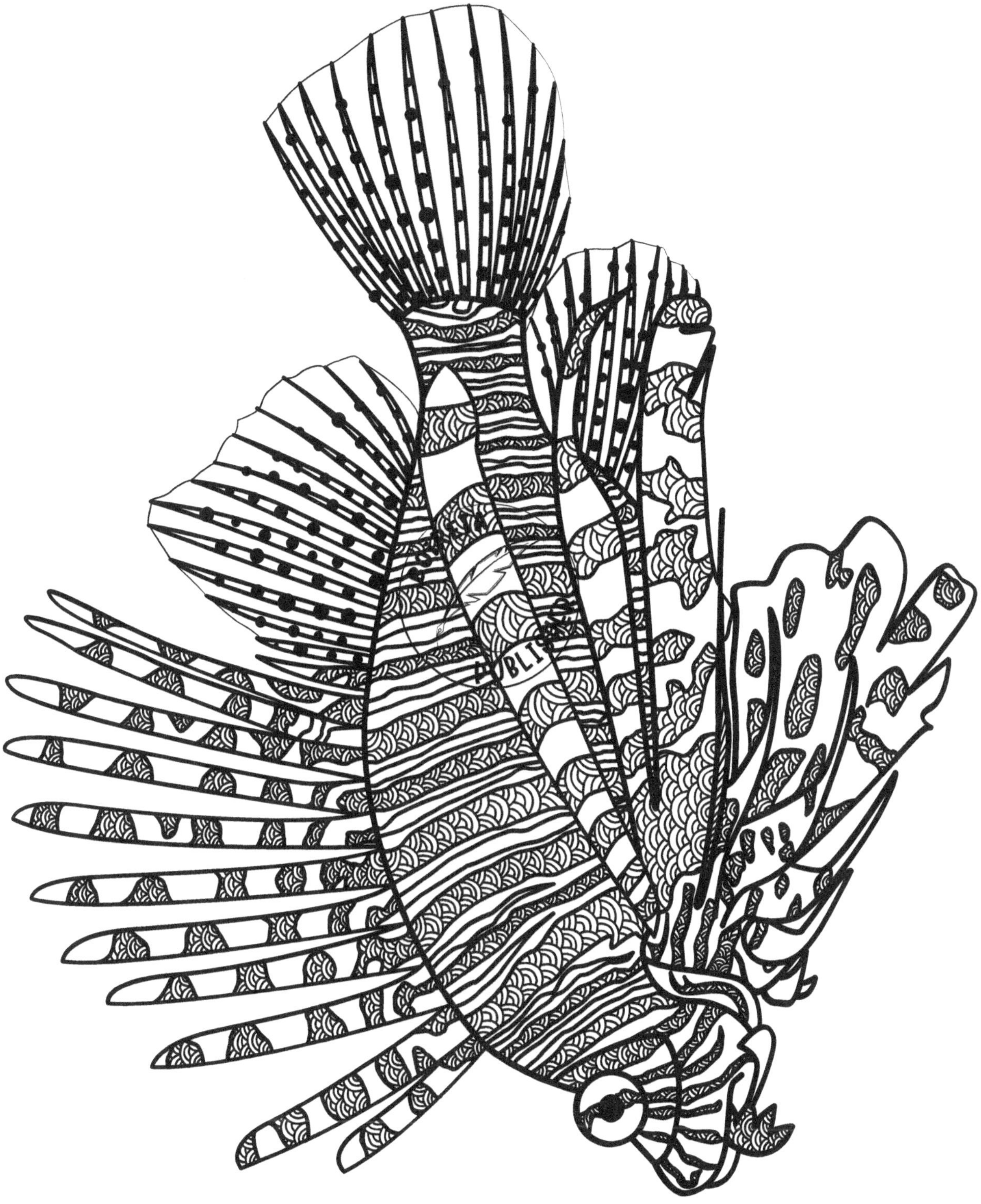

BOiRETA PUBLISHER

BOiRETA PUBLISHER

BOiRETA PUBLISHER

BOiRETA PUBLISHER

BOiRETA PUBLISHER

BOiRETA PUBLISHER

BOiRETA
PUBLISHER

BOiRETA
PUBLISHER

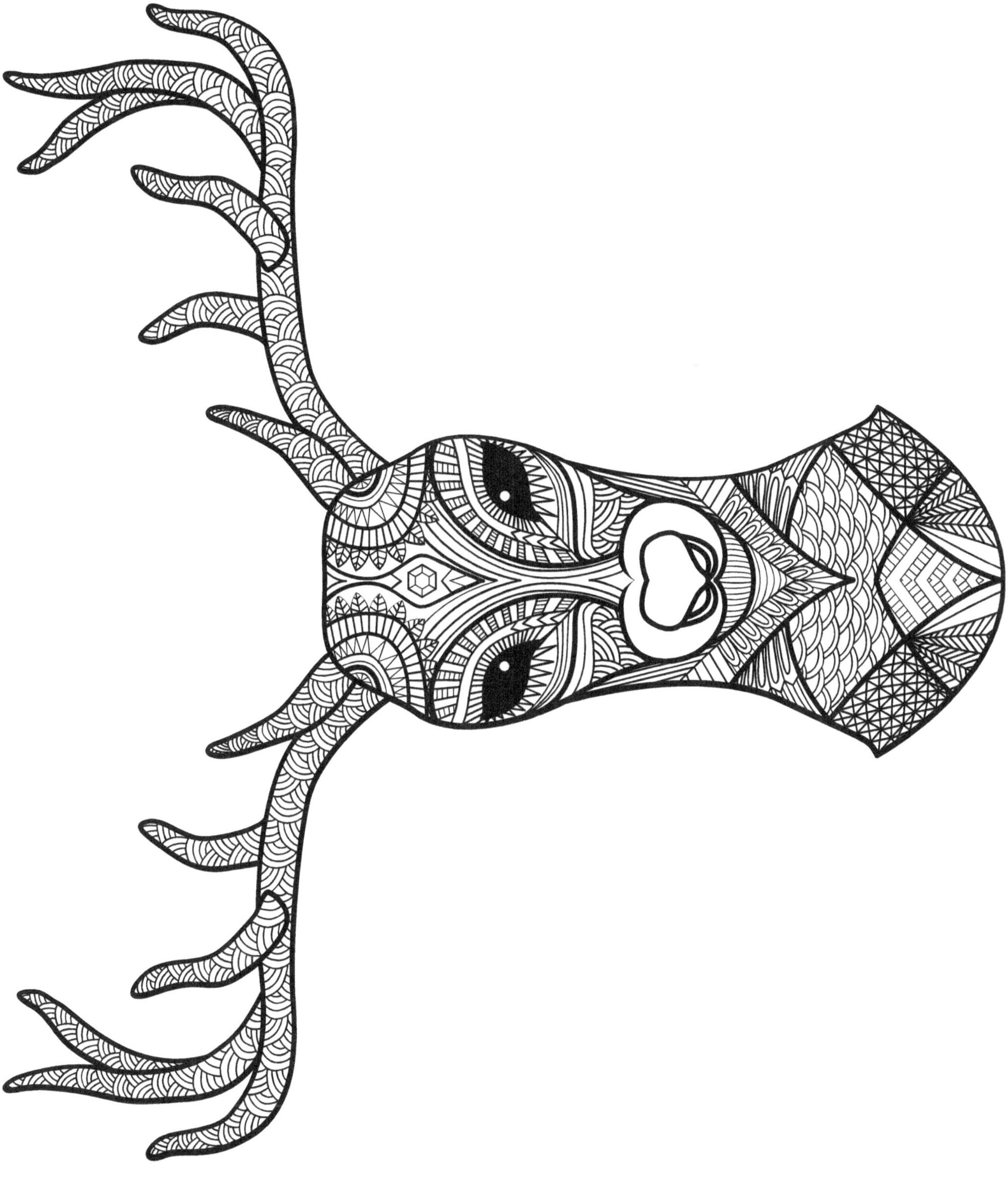

BOiRETA PUBLISHER

BOiRETA PUBLISHER

BOiRETA PUBLISHER

BOiRETA PUBLISHER

BOiRETA PUBLISHER

BOiRETA PUBLISHER

BOïRETA
PUBLISHER

BOiRETA PUBLISHER

BOiRETA PUBLISHER

BOiRETA PUBLISHER

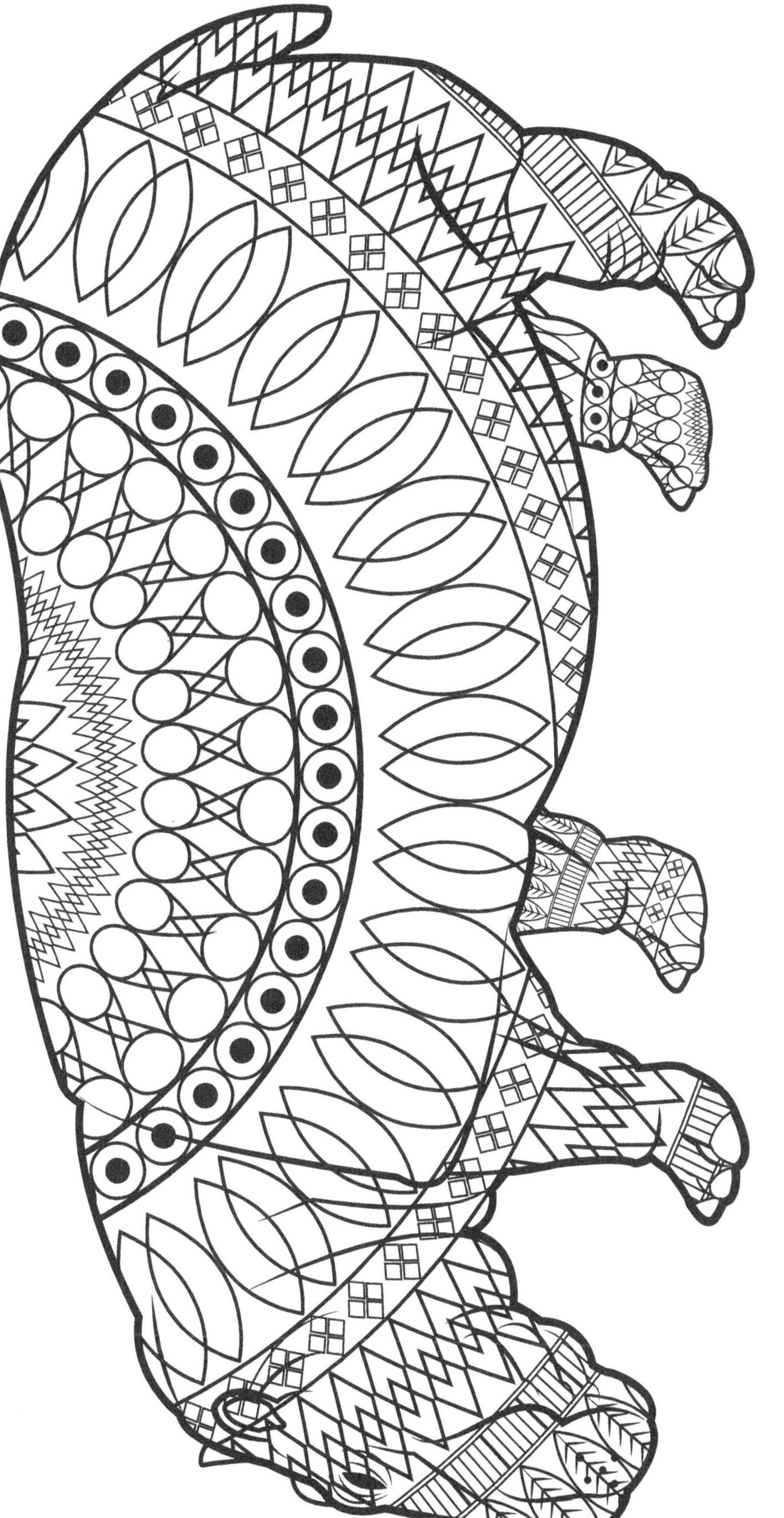

BOiRETA PUBLISHER

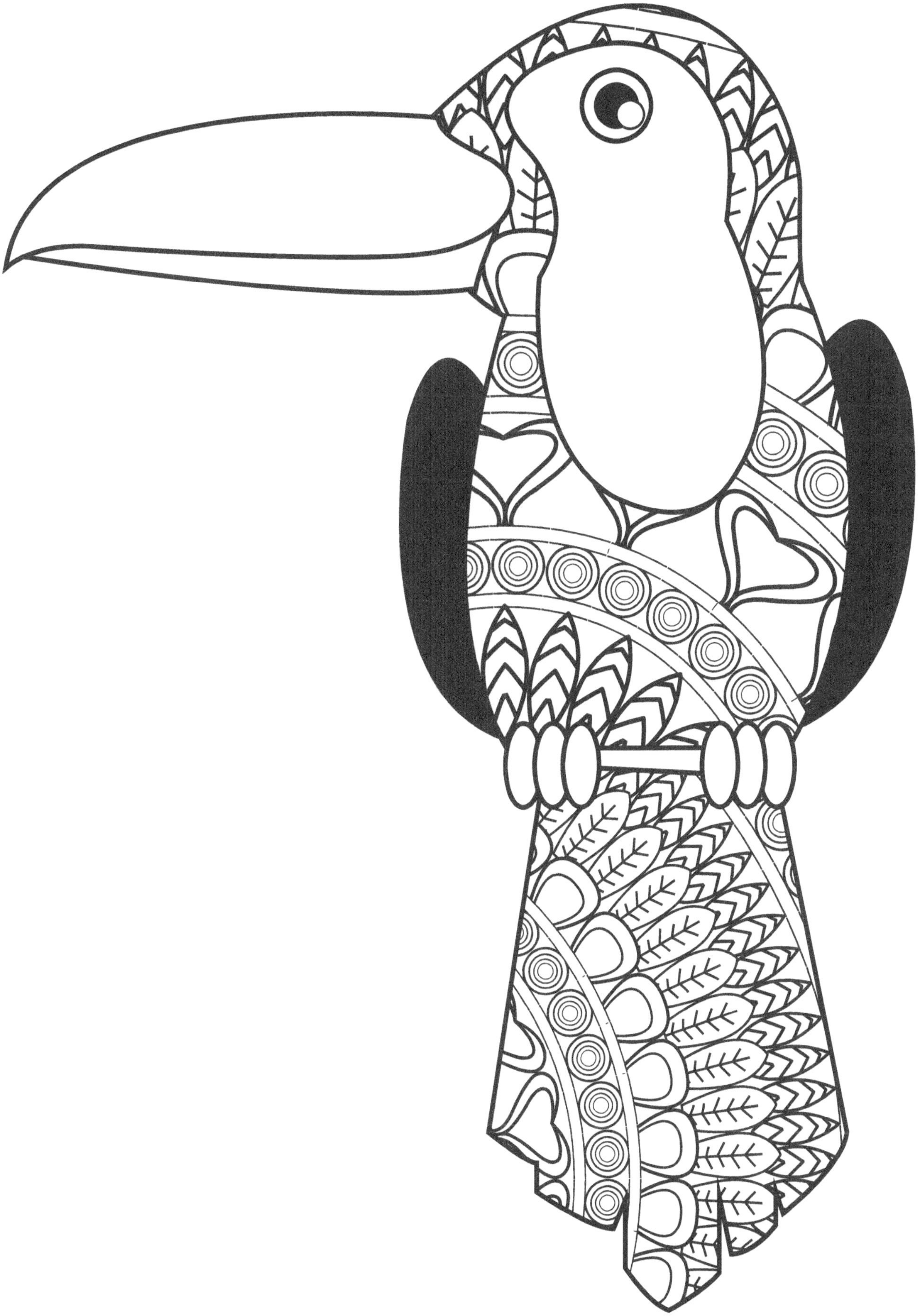

BOiRETA PUBLISHER

BOiRETA PUBLISHER

BOiRETA PUBLISHER

BOïRETA PUBLISHER

BOiRETA PUBLISHER

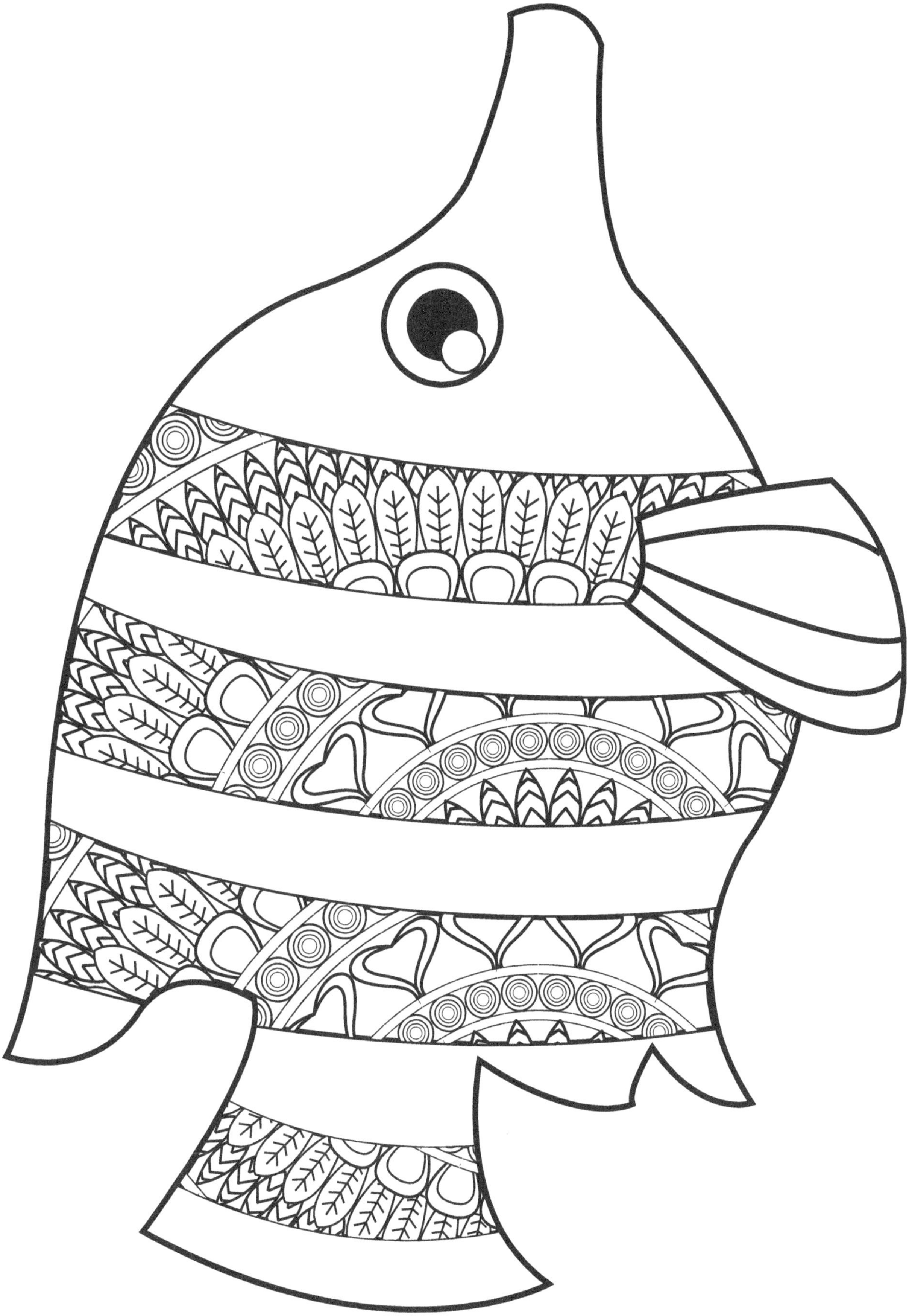

BOiRETA PUBLISHER

BOiRETA PUBLISHER

BOiRETA
PUBLISHER

BOiRETA PUBLISHER

BOÏRETA PUBLISHER

BOiRETA PUBLISHER

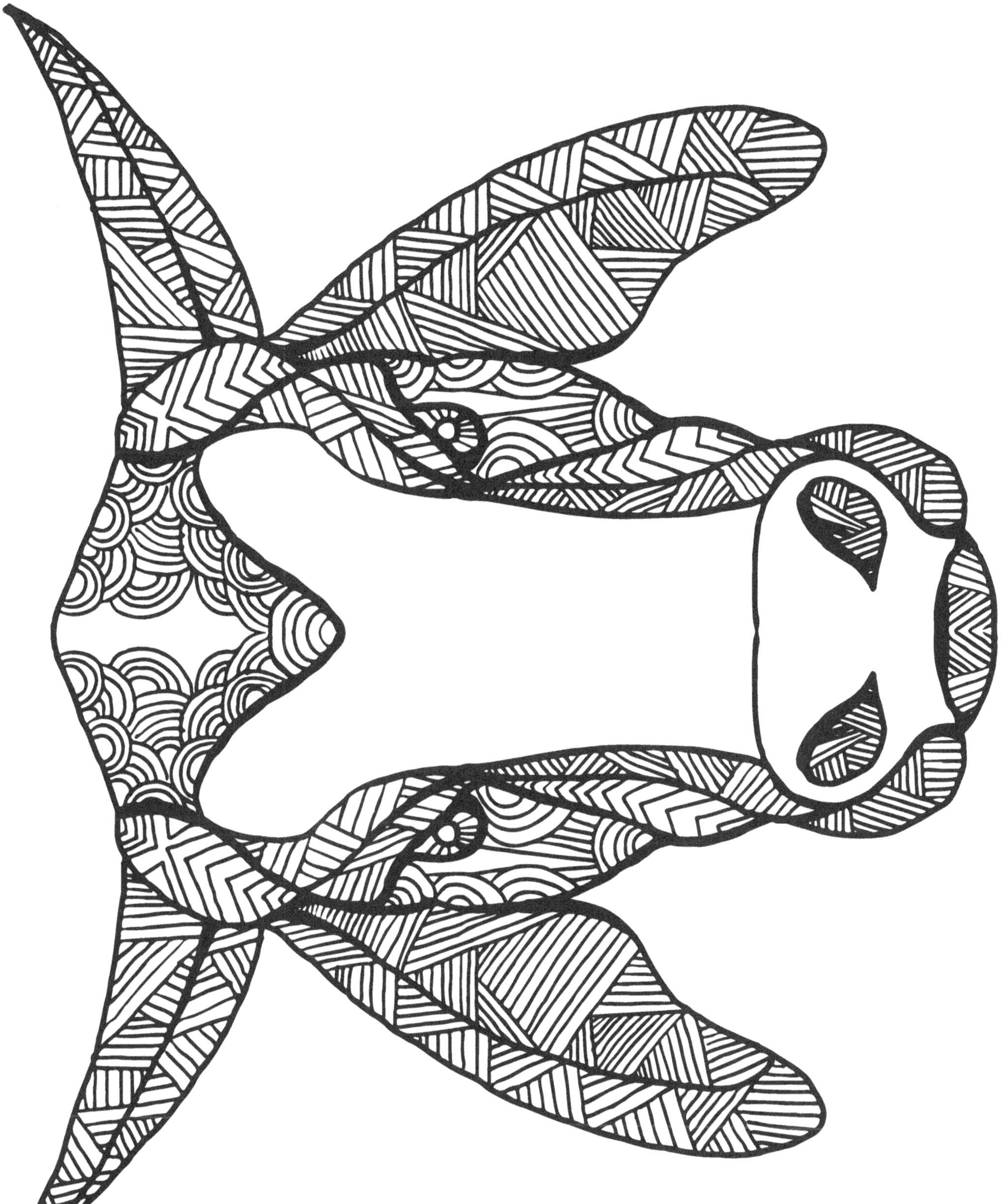

BOIRETA PUBLISHER

BOiRETA PUBLISHER

BOiRETA PUBLISHER

BOiRETA PUBLISHER

BOÏRETA PUBLISHER

BOïRETA PUBLISHER

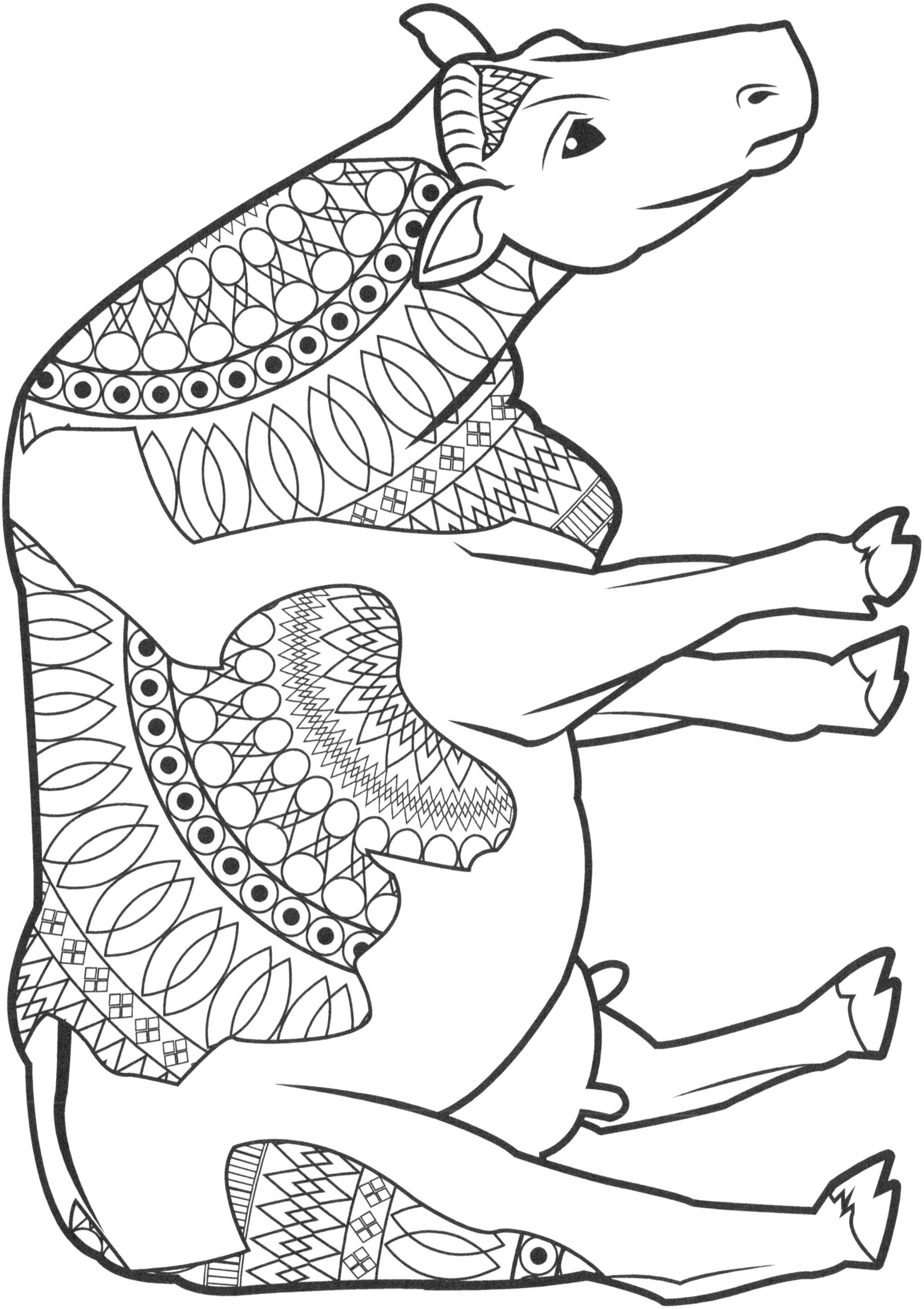

BOiRETA
PUBLISHER

BOiRETA PUBLISHER

BOiRETA PUBLISHER

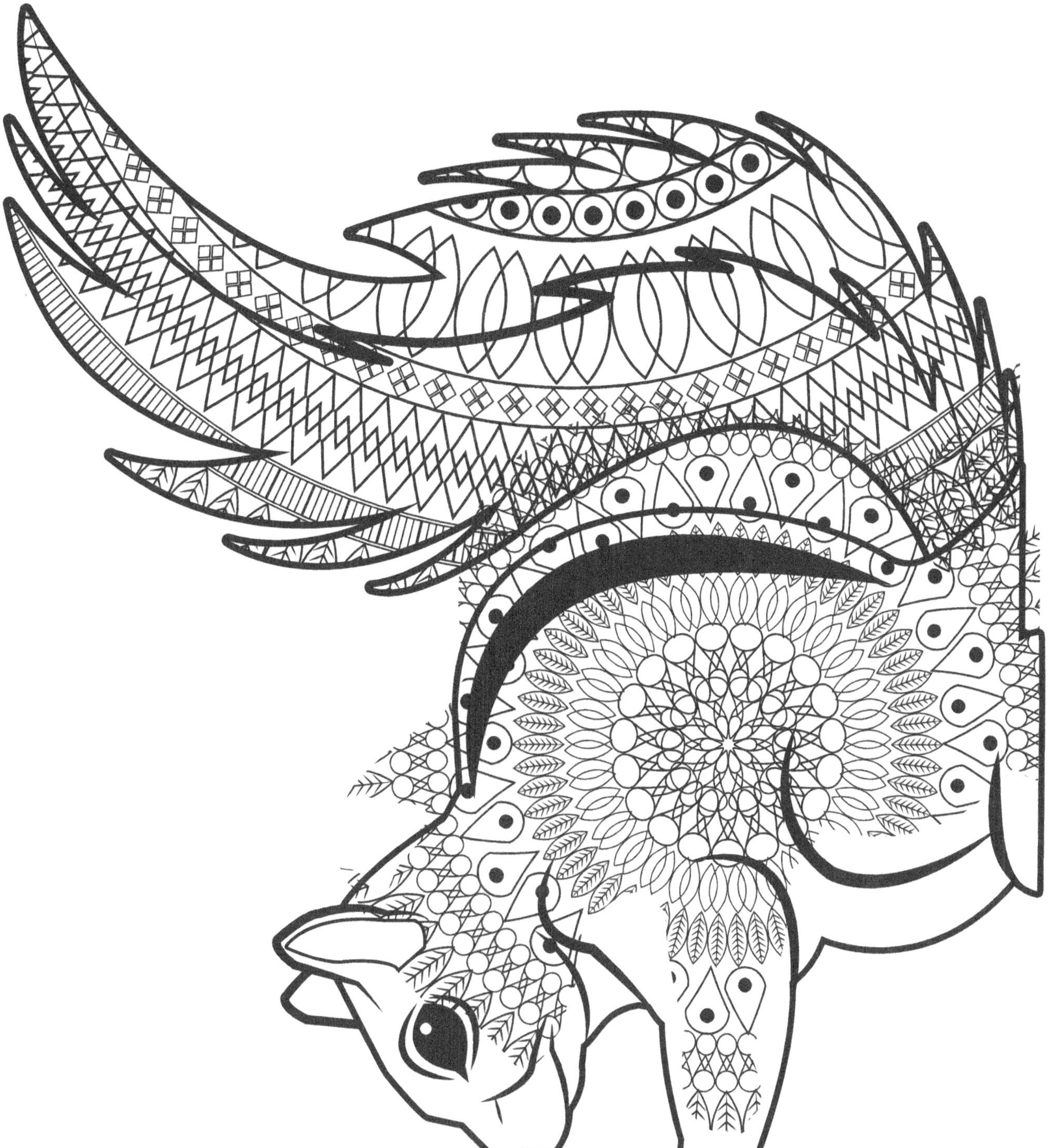

BOïRETA PUBLISHER

BOïRETA PUBLISHER

BOïRETA PUBLISHER

BOiRETA PUBLISHER

THANK YOU

BOiRETA PUBLISHER

IF YOU ENJOYED THIS COLORING BOOK.
WE WOULD APPRECIATE YOUR POSITIVE
FEEDBACK AND REVIEW!
THAT REALLY HELPS INDEPENDENT AUTHOR

BY BOiRETA PUBLiSHER

TAKE A LOOK AT THE REST OF THE BOOKS WE CAREFULLY DESiGNED BY CLiCKiNG AUTHOR.

www.ingramcontent.com/pod-product-compliance
Lightning Source LLC
Chambersburg PA
CBHW080023260726
48658CB00007B/2442
* 9 7 9 8 7 2 9 1 8 9 3 9 7 *